AF267300

PRÉCIS

DES JOURNÉES

DES 15, 16, 17 et 18 JUIN 1815.

Tous les exemplaires qui ne seront pas
revêtus de ma signature, seront réputés
contrefaits.

PRÉCIS

DES JOURNÉES

DES 15, 16, 17 ET 18 JUIN 1815;

OU

FIN DE LA VIE POLITIQUE

DE NAPOLÉON BUONAPARTE;

PAR GIRAUD,

Auteur de la *Campagne de Paris*, en 1814.

PARIS.

ALEXIS EYMERY, LIBRAIRE,

rue Mazarine, n°. 30.

1815.

PRÉCIS

DES JOURNÉES

DES 15, 16, 17 ET 18 JUIN 1815.

Ce n'est pas au moment où la crise la plus violente et la plus inouie vient d'agiter profondément un état, que l'historien peut espérer de faire entendre une voix impartiale et indépendante. Comment parlerait-il le langage de la vérité, à des passions qui s'irritent dès qu'elles ne sont pas caressées, à des intérêts qui se révoltent, si on ne leur sacrifie pas tout ce qui peut les offenser? ou s'il en a le courage, aura-t-il les moyens de surmonter tous les obstacles qui viendront arrêter sa plume et sa pensée?

Avouons-le hautement, moins encore à la honte des écrivains qu'à celle des sociétés qui impriment toujours par quelque coin, aux esprits, le cachet de leurs vices et de leurs travers; ce n'est guères que l'adulation ou la satire qui dicte tout écrit publié sous l'empire. des circonstances.

D'un autre côté, les plaies faites à la patrie par une révolution qui a eu la rapidité et les effets de la foudre, saignent encore et peut-être pour long-temps. On doit frémir de penser qu'en voulant les sonder trop tôt, on peut les irriter davantage.

Je ne me propose donc ici que de rassembler quelques détails sur la catastrophe même dont la France est encore ébranlée, et dont elle ne se relevera que sous l'égide des lois, et par la sagesse d'un monarque assez grand, assez éclairé pour ne vouloir régner que par elles. J'ai lieu de croire à l'exactitude des renseignemens que j'offre au public : je puis répondre au moins de ma bonne foi et de mes intentions. Ce n'est pas dans l'état où nous sommes réduits, que ceux qui ont détesté le despotisme aveugle, l'ambition effrénée de Buonaparte, changeront d'avis à son égard. Mais on peut le citer au tribunal de l'opinion publique, sans insulter ni son pays, ni ses défenseurs, sans se croire obligé de convertir

en *militaires sans moyens,* en *soldatesque
ignare et incapable d'aucun discernement,*
cette belle armée française où se sont montrés, depuis le général jusqu'au soldat, tant
de talens individuels, où semblait naître et
s'improviser comme par instinct, dans tous
les rangs, le sentiment et la connaissance des
secrets de l'art militaire. Oh ! si l'armée par-
tageant les illusions d'une partie de la nation,
a combattu pour une mauvaise cause, ne
flétrissons pas du moins des lauriers sans
lesquels il ne nous resterait qu'un malheur
sans gloire, la honte de nous-mêmes et le
mépris de l'étranger. Quand le désastre de
Pavie eut forcé le noble François Ier. à
avouer que *tout était perdu fors l'honneur,*
cet honneur devint pour nos aïeux un dé-
pôt sacré et comme une propriété publique,
et ils durent la gloire de triompher de la
fortune contraire à tous les sacrifices qu'ils
firent pour le conserver.

Le cadre où je me renferme m'interdit le
développement des circonstances qui ont pré-
cédé le retour de Napoléon Buonaparte, et

favorisé une entreprise dont le succès parut aussi prodigieux, que l'issue en a été misérable; qu'il suffise de rappeler que des craintes et des espérances opposées, des prétentions inconciliables, et une exaspération générale, rassemblaient sur tous les points de la France, les élémens d'une tempête dont l'apparition de cet orageux météore ne fit que hâter l'explosion ; qu'on n'oublie pas surtout que l'armée toujours appelée jusqu'alors à prendre part aux actes de la souveraineté nationale, était en général restée trop étrangère au rappel des princes de l'ancienne dynastie, et qu'à cette première cause d'éloignement vint se joindre l'erreur plus grave encore du ministère qui, laissant les armes aux mains de ceux auxquels on faisait presque un crime de les avoir portées, ne vit pas qu'il forçait le militaire à séparer dans son esprit le monarque de la nation, et le service du prince des intérêts de la patrie.

Sur ces entrefaites, Napoléon paraît, et le mouvement que sa présence excite ou redouble de toutes parts est si rapide, le prestige de son nom est si entraînant, que ceux mêmes qu'il surprend semblent l'avoir attendu.

Partout l'audace triomphe ; partout la fidélité est sans force ou sans moyens, et l'on ne sait plus si l'on doit s'étonner davantage des succès du vainqueur, ou du peu d'obstacles qu'il rencontre sur le chemin du trône. Il l'a ressaisi ce trône glissant ; une foule avide de nouveautés, une armée qui malgré des revers inattendus se souvient toujours qu'elle commanda vingt ans à la victoire, l'ont salué *empereur*, et il se voit encore le maître de la France.

Il le croyait du moins, et il dut s'y tromper lui-même, tant au premier abord l'enthousiasme parut général ou la soumission complète.

Mais bientôt l'observateur put démêler sous ces trompeuses apparences, des réalités d'un sinistre présage. L'opinion, qui était redevenue une puissance, en observant avec inquiétude ses premières démarches, dut craindre qu'il n'eût rapporté de l'île d'Elbe son esprit despotique , son cœur sec , son caractère inflexible , et que toute cette popularité dont il avait affecté de s'entourer , ne fût qu'une nouvelle jonglerie. On vit ceux qui ont fait de la révolution métier et marchandise , et pour qui le pouvoir légitime est toujours celui qui leur garantit les fruits de leur corruption , tremblant au nom du peuple dont ils ont trahi la cause, s'empresser à l'effrayer de ses nouveaux principes, lui montrer dans leurs conséquences le retour de *l'anarchie ;* et bientôt, soit qu'il faille leur faire l'honneur de l'avoir égaré , soit que lui même , au fond, n'eût jamais bien sincèrement abandonné leurs maximes , ce fut une *vérité* reconnue au palais, et professée par tous les courtisans , que le gouvernement n'avait rien à craindre des *royalistes ,* et que les *jacobins* seuls étaient ses éternels , comme ses plus dangereux ennemis.

Cependant , ces royalistes revenus de leur premier étourdissement , mesuraient de tous côtés leurs forces , et calculaient les chances que pouvaient leur offrir les circonstances.

Ils avaient peu tardé à s'apercevoir de la
position fausse où s'était placé Buonaparte,
en voulant louvoyer entre le peuple et ses
courtisans, entre les principes de la liberté
et les intérêts des gens en place. La guerre
étrangère, qu'ils jugeaient avec raison iné-
vitable, devait augmenter ses embarras, et
ils résolurent d'en profiter. Tandis que la
Vendée allait se signaler par de francs et
généreux efforts, une vaste conspiration
agitait des Alpes à l'Océan la plupart des
départemens du Midi. Rien d'ailleurs n'é-
tait moins secret que cette trame; ses auteurs
en faisaient gloire, et parcouraient sans
obstacles les divers foyers d'insurrection,
semaient partout, à l'aide de nouvelles men-
songères, la défiance, la terreur et le
trouble, et entravaient, par la seule force
d'inertie, la marche du nouveau gouvernement; ou bien si quelque fonctionnaire
public, peu habile à deviner ce qui se
passait à Paris, et trompé par les mesures
menaçantes qu'il était chargé d'exécuter,
voulait, dans sa bonne foi, suivre la route

qu'il se croyait tracée par le devoir , bientôt la levée des ordres de surveillance ou de détention , qu'il avait donnés , étonnait et paralysait son zèle , et révélait au parti contraire que le moment était venu d'oser.

Pendant ce temps, cette coalition de l'Europe, cette guerre à mort qu'on appelait du dedans, comme signal de la guerre intestine , se préparait au-dehors au gré des combinaisons et des intérêts du cabinet britannique. Mais il échappait aux yeux des plus ardens ennemis de Buonaparte , que ce qui leur paraissait le dernier coup porté à sa puissance et le gage assuré de sa ruine , pouvait se changer pour lui en moyen de salut, si la victoire, réconciliée avec ses aigles , venait sanctionner sa puissance. Cette coalition , en effet , avait pour base des principes qui étaient loin d'être admis sans opposition dans les divers cabinets de l'Europe. L'Angleterre avait été obligée de déclarer que les intérêts de Louis XVIII n'étaient point l'objet nécessaire de la guerre, ni le rétablissement de notre monarque , la condition *sine quâ non* de la paix. On eut quelque temps à Paris, avant l'ouverture de la campagne , l'espérance et peut - être aussi les moyens d'en détacher l'Autriche et la Russie. Peut-être même encore que ces espérances se seraient réalisées , si Buonaparte eût battu complètement les armées anglaises et prussiennes qui avaient été les premières et les plus empressées à s'approcher de nos frontières. D'un autre côté, et les déclarations des alliés, et leurs prétentions, et leurs mouvemens hostiles, et le souvenir de leur première invasion , dont les désastres étaient encore trop présens aux habitans des contrées de l'Est , menaçaient de nationaliser la guerre, au moins dans une très-grande partie de la France ; là surtout où la population savait ce que coûtent les services d'un ennemi. Les gardes nationales s'armaient avec ardeur , (1) et d'après sa dé-

______

(1) On a beaucoup vanté le dévouement du département du Nord à la cause du roi. Nous ne doutons pas que cette cause n'y ait eu , comme ailleurs, un grand nombre de partisans ; ses habitans, en outre, regrettaient la paix , pendant laquelle ils s'étaient li-

fection, l'armée n'avait plus qu'à inscrire sur ses drapeaux : LA VICTOIRE OU LA MORT.

Ces circonstances, les embarras secrets qui dans l'administration intérieure entravaient le gouvernement, ne permettaient pas à Buonaparte d'hésiter sur le parti qu'il avait à embrasser. Il sentit que l'épée seule pouvait trancher les nœuds dont il était enlacé; et il était prêt à prendre l'offensive, quand au-dedans et au-dehors, les retranchemens, les coupures des ponts et des routes, les fortifications de tous les points militaires capables d'arrêter l'ennemi, persuadaient encore aux observateurs superficiels, qu'il ne songeait qu'à combiner une vaste et vigoureuse défense.

---

vrés à des spéculations lucratives, à la faveur du voisinage de la Belgique et des magasins anglais qui y étaient établis : néanmoins, les lois y furent tranquillement exécutées; les bataillons de grenadiers s'y organisèrent, et si on n'y leva point les compagnies de chasseurs, c'est qu'on manqua de fusils pour les armer. Ce défaut d'armes affaiblit sensiblement pour Napoléon les moyens de défense et d'attaque.

Tout-à-coup , l'on apprend que la garde a quitté Paris , et qu'elle se porte en hâte vers le Nord ; bientôt son chef la suit avec sa rapidité accoutumée. De l'aveu de ses ennemis mêmes , des acclamations universelles et tous les signes de l'enthousiasme l'accueillent sur son passage , et lui offrent dans le dévouement de l'armée et du peuple , l'espérance de nouveaux prodiges et l'augure de la victoire.

L'armée des Ardennes , sous les ordres du général Vandamme , opérait à Beaumont sa réunion avec l'armée du Nord ; l'armée de la Moselle s'était dirigée , à grandes marches , de Metz sur Philippeville ; ainsi l'armée d'opération , formée par ces réunions , se trouva forte de cinq corps d'infanterie et de quatre de cavalerie. Les corps d'infanterie étaient le premier, deuxième , troisième , quatrième et sixième , sous les ordres des lieutenans-généraux comtes Drouet d'Erlon , Reille , Vandamme , Gérard et Mouton de Lobau. La cavalerie , sous le commandement du maréchal Grouchi , était partagée entre les lieutenans-généraux Pajol,

Excelmans, Milhaud et Kellermann. Le corps de la garde impériale attaché à cette belle armée, qu'on a porté à 20,000 hommes, n'était que de 15 à 16,000 : il y avait d'ailleurs peu de vieille garde, surtout en infanterie; cette arme n'avait fourni que ses quatre premiers régimens. Toute l'armée ensemble ne présentait pas beaucoup plus de 110,000 hommes, dont 20,000 de cavalerie (1). Du reste, elle était suivie d'une artillerie formidable d'au-moins 300 pièces, et d'un matériel en bon ordre et très-complet.

Rien n'égalait l'ardeur et la confiance de ces vieilles troupes, qui, en effet, échappées pour la plupart aux désastres des dernières campagnes, semblaient devoir se regarder comme au-dessus des atteintes de la fortune.

---

(1) Cinq corps d'armée formés, l'un dans l'autre, de chacun quatre divisions, et chaque division au plus fort de 4,000 hommes, donnent un effectif de 80,000 combattans, qui, avec 20,000 de cavalerie et 15,000 de garde, présenteraient au total 115,000 hommes, en supposant tous les cadres au complet le plus exact.

Cette fois un grand accord régnait entr'elles et les citoyens, qu'elles voyaient alors disposés à seconder leurs efforts et s'armant à l'envi pour la même cause : les soldats, dans les cantonnemens, avaient partagé les travaux des paysans, et semblaient vouloir effacer, par ces actes de concorde et de bonne intelligence, le tort que les désordres commis dans la campagne de 1814 avaient fait à leur gloire militaire : tous les généraux étaient à leur poste ; et ceux qui savent combien la discipline contribue à la force des armées, applaudissaient à ces premiers résultats du zèle que, jusques-là, chacun avait montré pour son devoir (1).

Le 14 juin, l'armée se trouva prête à opérer les mouvemens que son chef avait médités ; et il lui révéla ses projets par l'ordre du jour

---

(1) Nous n'ignorons pas que quelques personnes ont dit le contraire de ce que nous avançons ici ; mais ces assertions nous ont paru trop passionnées pour n'être pas suspectes, et l'on a été assez libre d'accuser, de calomnier même tout ce qui a servi Buonaparte, pour ne pas remarquer que le silence des étrangers et des journalistes à cet égard est une preuve de la vérité des documens que nous avons suivis.

inséré dans tous les journaux du temps, et qui rappelant l'anniversaire de Marengo et de Friedland, les époques d'Austerlitz et de Wagram, la générosité du vainqueur et la guerre implacable que lui déclaraient les souverains dont il avait conservé les trônes, annonçait aux troupes que la lutte allait s'engager, et que le moment était venu *de vaincre ou de mourir.*

Ce même ordre défendit aux troupes de rendre aucun honneur à l'Empereur lorsqu'il se trouverait aux avant-postes.

Le lendemain matin l'armée s'ébranla ; l'ennemi avait sur la rive droite de la Sambre deux bataillons, l'un à Thuin, l'autre à Marchienne. Ces corps étaient couverts par 300 hommes jetés en avant-postes, qui s'étendaient jusques vers Lersfuftau. On peut remarquer, comme une preuve entre mille autres des bonnes dispositions des habitans à notre égard et de leur aversion pour les Prussiens, que leurs avant-postes n'eurent aucune connaissance de nos mouvemens et furent complètement surpris par les troupes de l'avant-garde du comte Reille, qui avait reçu l'ordre de se porter sur Marchienne avec le deuxième corps, auquel était attachée la cavalerie du général Kellermann.

Dans leur retraite, favorisée par un terrain très-fourré, ils furent atteints au débouché d'une petite plaine par le premier régiment de chasseurs à cheval, qui fit mettre bas les armes à 200 hommes : le reste fut tué, blessé ou dispersé. Le corps qui était à Thuin, assez avantageusement posté, voulait profiter de sa position et tenir ; mais la cavalerie attaquait avec une ardeur incroyable ; en un instant ce corps fut tourné ; et abandonné par ses chefs il se replia en désordre sur Marchienne au Pont. Aussi vivement poursuivis que le permettait la disposition du terrain, les Prussiens essayèrent en avant de Marchienne de se former en carré. Le premier et le troisième de lanciers, soutenus par des tirailleurs, leur en laissèrent à peine le temps, et les rompirent encore une fois en leur faisant éprouver beaucoup de perte. Bientôt la Sambre fut forcée sur ce point, et des deux bataillons prussiens qui avaient voulu la défendre, il put à peine arriver 200 hommes à Gosselies, qui était leur point de retraite.

Pendant que notre deuxième corps, où se trouvait le prince Jérôme, poursuivait sa marche vers ce même endroit, sur la route de Charleroi à Bruxelles, une partie de la cavalerie du centre, aux ordres du général Pajol, marchait vers Charleroi. Une forte avant-garde prussienne, aux ordres du général Ziethen, défendait la ville. L'ennemi fit tous ses efforts pour en couper le pont. La vigueur de notre attaque ne lui en laissa pas le temps. Les sapeurs et les marins de la garde s'y portèrent pour en assurer le passage; vers midi notre cavalerie légère occupait la place que les relations anglaises, dont les rédacteurs s'entendent fort bien en forfanterie, jugent à propos de faire prendre et reprendre plusieurs fois.

A la suite de la cavalerie du général Pajol, le troisième corps, aux ordres du général Vandamme, déboucha de Charleroi sur Gilly. Ce corps fut suivi par le maréchal Grouchy, qui arriva avec la cavalerie du général Excelmans.

L'ennemi se retirait sur Fleurus pour se rapprocher de la grosse armée du maréchal Blücher ; il fut bientôt poursuivi avec la dernière
vivacité. Rien ne pouvait contenir l'ardeur des
troupes ; elles s'élançaient au pas de course
sur les Prussiens dès qu'elles pouvaient les
apercevoir , et les enfonçaient à la baïonnette dès qu'elles pouvaient les atteindre. Ce
fut dans une de ces charges que le général
Letort enfonça , avec deux escadrons de service , deux carrés d'infanterie, soutenus par
deux escadrons et deux pièces d'artillerie.
Mais dans ce brillant fait d'armes, où la valeur
française tout en s'y surpassant pour ainsi
dire elle-même, a mérité peut-être aussi qu'on
lui reprochât cette témérité impétueuse qui
nous a été plus d'une fois funeste , cet officier
perdit les trois quarts de ses braves compa-
gnons d'armes, et lui même fut blessé mor-
tellement.

Ces charges désespérées doivent , ce me sem-
ble , être réservées pour des occasions déci-
sives et des dangers extrêmes , et on ne voit
pas assez ici , que le sacrifice héroïque du gé-

néral Letort fût nécessaire au succès de la journée. Au reste, l'ennemi ne put s'établir à Fleurus.

Le deuxième corps, à la gauche, poursuivait aussi ses avantages, et, dans l'après-midi du 15, battait et repoussait sur la route de Bruxelles une brigade de l'armée des Pays-Bas aux ordres du prince de Weymar. Ce corps couvrait Frasnes au-dessus de Gosselies. Il y eut là pendant toute la soirée des engagemens fort vifs dans un terrain tout coupé de ravins et de haies. Notre artillerie légère nous fut très-utile, et à la nuit notre avant-garde occupa Frasnes, d'où elle avait chassé l'ennemi. Ainsi la position de Fleurus, qui est au sud-est de Frasnes, dépassée par la tête de notre gauche, était à la fin de cette journée absolument en notre pouvoir.

Les trophées de ce premier engagement furent 5 pièces de canon, plusieurs milliers d'ennemis tués ou prisonniers et quelques magasins. En comparaison des pertes de l'ennemi, le nôtres furent absolument insignifiantes.

Un avantage non moins important fut l'effet de ces premiers combats sur le moral de l'armée : ils exaltèrent au dernier point ses espérances et son courage.

La vivacité des acclamations des Belges, qui, dès nos premiers pas sur leur territoire, nous recevaient comme leurs libérateurs, venaient ajouter à nos brillantes illusions, et déjà l'on ne doutait plus qu'une victoire un peu marquante ne fût, dans toute la Belgique, le signal d'une révolution en notre faveur.

Dans le même jour cependant la défection du général Bourmont, qui passa à l'ennemi avec deux ou trois officiers, vint mêler quelque teinte d'inquiétude aux scènes d'exaltation et de confiance qui formaient l'ensemble du tableau de l'armée. Aussitôt l'idée de la possibilité d'autres *trahisons* se présenta à l'esprit du soldat, et sans diminuer son dévoûment ni son courage, elle le disposa à se rebuter plus promptement des obstacles ; à recevoir plus avidemment, au premier échec, ces funestes méfiances, qui peuvent en un instant désorganiser la plus brave armée et rendre inutiles l'une à l'autre l'expérience des chefs et la valeur cent fois éprouvée des soldats.

Tandis que Napoléon surprenait ses ennemis sur la Sambre, lord Wellington sommeillait à Bruxelles dans les bras du plaisir ; ce fut à un bal chez le duc de Richemond qu'il apprit, le 15 au soir, les événemens de la journée. Il envoya en toute hâte des ordres pour faire avancer ses forces sur les *Quatre-Bras*, position à peu près à moitié route de Charleroi à Mont-Saint-Jean, et à l'intersection de la route de Bruxelles et du chemin de Nivelles à Namur. Déjà d'après notre marche sur Frasnes, le prince d'Orange y avait envoyé des renforts. De son côté le maréchal Blücher avait fait prendre position à son armée en arrière de Fleurus, sur la route de Namur, ayant sur son front Sombref, Ligny et Saint-Amand ; tandis que Napoléon, qui avait résolu de faire tomber ses premiers coups sur les Prussiens, portait vers la même direction la plus grande partie de ses forces. En conséquence, le 16 dès le grand matin, ce qui était resté sur la rive droite de la Sambre acheva de passer cette rivière. Par suite de tous les mouvemens de la veille et du jour, l'aile droite commandée par le maréchal Grouchy, et formée des troisième et quatrième corps d'infanterie aux ordres des généraux Vandamme et Gérard, et de la cavalerie du général Pajol, se prolongea vers la route de Namur, vis-à-vis de Ligny et de Sombref; la réserve se plaça à Fleurus, la garde était rangée à la hauteur de ce village, ainsi que les cuirassiers du général Milhaud; la gauche, dont le maréchal Ney pris le 16 au matin le commandement, et qui se composait des premier et deuxième corps, de la cavalerie du comte Kellermann et du corps du comte Lefèvre Desnouettes à cheval sur la route de Gosselies, fut en partie destinée à observer et contenir l'avant-garde anglaise, qui devait, selon les apparences, déboucher des Quatre-Bras. A cet effet, le corps du comte Desnouettes occupa Frasnes, en avant de Gosselies, où se trouvait le deuxième corps que suivait la cavalerie. Le comte d'Erlon avec le premier corps était resté en réserve, en avant de Marchienne.

Ce corps ainsi placé, formait naturellement l'arrière garde des corps destinés à la principale attaque, et c'est par lui que Napoléon devait, en cas de besoin, se faire soutenir. Cette remarque est importante, comme on le verra bientôt; l'inspection seule d'une carte suffit pour la confirmer.

Le terrain occupé par les Prussiens était favorable à la défense. Les villages qui, comme nous venons de le dire, couvraient leur ligne, étaient remplis d'infanterie; mais en arrière leurs colonnes s'étendaient sur des plateaux trop exposés à nos batteries, qui firent sur ces masses d'épouvantables ravages. L'action s'engagea vers trois heures d'après midi, par l'attaque du village de Saint-Amand, où s'appuyait la droite des Prussiens. La division du général Lefol faisant partie du troisième corps aux ordres du général Vandamme, l'attaqua et l'emporta avec impétuosité. L'ennemi revint à la charge, se maintint dans une partie du village qui devint le théâtre d'un combat long et acharné. En même temps le général Gérard s'élançait avec le quatrième corps sur Ligny, et le maréchal Grouchy à l'extrême droite, combattait au village de Sombref. Ainsi l'action s'étendit sur toute la ligne, et devint bientôt générale. Partout on combattait avec la dernière fureur. Le troisième corps fut tout entier engagé à l'attaque du village de Saint-Amand. Le quatrième n'eut pas de moins grands efforts à faire pour emporter celui de Ligny. Comme cette position couvrait le centre des Prussiens, la lutte y fut plus opiniâtre et plus sanglante encore qu'à Saint-Amand. Le village fut pris et repris six fois, et il est impossible de peindre la scène de carnage et de bouleversement qu'il présentait. On ne combattait plus que sur des cadavres et des débris; on se disputait des décombres; d'un régiment d'infanterie, fort d'environ huit cents hommes qui s'y trouva engagé, il n'en sortit que quatre-vingts avec leur drapeau. Ce fut à une de ces attaques qu'a trouvé la mort le brave lieutenant-général baron Girard. Sa division, détachée du deuxième corps qui combattait aux Quatre-

Bras, eut ordre de se porter entre Saint-Amand et Ligny, contre une colonne de Prussiens; elle avança jusqu'à dix pas l'arme au bras et sans tirer, son chef toujours à sa tête. Là commença un feu terrible et excessivement meurtrier. Le général Girard fut atteint de plusieurs balles : la dernière pénétra à travers la poitrine jusqu'aux reins, et au même moment son cheval, blessé à la tête, bondit avec fureur et le jeta violemment par terre. Cet officier d'une rare intrépidité et d'un désintéressement peut-être plus rare encore, est mort au bout de quelques jours à Paris, où il avait été transporté. La cause dans laquelle il a eu le malheur de succomber ne doit pas nous empêcher de reconnaître qu'il fut, par son caractère et sa bravoure, un de ceux dont le nom sera toujours associé à la gloire des armées françaises.

La possession de Saint-Amand était toujours vivement disputée. Il y eut même un moment où les Prussiens y montrèrent tant de supériorité, que Napoléon craignit que le sort de la journée ne fût compromis ; et donna l'ordre de faire avancer le premier corps , qui , comme nous l'avons vu, était en réserve à Marchienne. Mais ce mouvement fut inutile , et quand ce corps arriva l'affaire était rétablie à notre avantage.

C'est ce mouvement, que dans la confusion des premiers rapports , les plus pressés de recevoir et répéter les faux bruits , présentèrent comme l'effet d'une trahison , et dans lequel encore aujourd'hui d'autres voyent de la part de Buonaparte , une faute impardonnable et qui exposa le maréchal Ney et l'aile gauche au danger d'une défaite entière.

Ce reproche ne peut soutenir le moindre examen, et l'on en sera convaincu en quittant un moment la bataille de Ligny pour suivre ce qui se passait à l'aile gauche.

Le maréchal Ney , qui, comme nous le disions plus haut, en avait pris le commandement le 16 au matin , devait observer et contenir les forces que les Anglais pouvaient porter sur les Quatre-Bras. Ils y présentaient peu de monde : le maréchal étant allé lui-

même à midi les observer, jugea leurs mouvemens de peu d'importance, et il resta per-
suadé que l'armée anglaise n'aurait pas le
temps d'y arriver. Cette opinion, qui était aussi
celle de Napóléon, fut confirmée par les
rapports qu'il reçut du maréchal, tandis que
lui-même manœuvrait contre les Prussiens.

C'est d'après ces fausses données qu'il fit
avancer de Marchienne sur Saint-Amand le
premier corps dont il ne pouvait, ne devait
pas croire qu'aurait besoin dans cette journée le maréchal Ney, à qui il avait envoyé
l'ordre de s'avancer jusqu'à Genappe, au-
delà des Quatre-Bras, où l'on ne s'attendait
pas à trouver une résistance sérieuse.

Mais lord Wellington dit lui-même, dans
son rapport, qu'il avait fait avancer toute *son
armée*. Il paraît, d'après différens détails,
que dès le 15 le prince d'Orange y avait ren-
forcé la brigade du prince de Weymar par
celle du général Bylandt, et que le lendemain le général anglais y porta sa cinquième
division, ainsi que les corps de Brunswick
et de Nassau.

Le mouvement en avant de notre aile gauche, commença vers deux heures. Entre Frasnes et les Quatre-Bras, de très-hauts seigles, des haies multipliées, des ravins et des fossés dérobaient à nos troupes la vue des Anglais, de leur nombre et de leur véritable position. On n'avait point pris la précaution de faire couper les haies pour faciliter la marche et les développemens de l'infanterie, et la division Foy, qui marchait la première, eut beaucoup de peine à s'avancer dans ces mauvais chemins. Une fois à portée des Quatre-Bras, elle s'y élança à la baïonnette ; mais elle fut reçue par un feu si bien nourri et si meurtrier, qu'on dut reconnaître que l'on était tombé dans une espèce de piége. Cependant nos troupes abordaient avec audace et fermeté un ennemi dont elles dédaignaient de calculer la force. La première brigade de la division Bachelu, qui tenait la droite de l'attaque, ayant fait la faute de s'élancer en avant sans attendre que les autres colonnes qui devaient la soutenir fussent formées, se vit tout à coup chargée avec avantage par trois régimens écossais ; dont un bois à sa droite lui avait dérobé la vue, et fut obligée de se replier en désordre ; mais ces régimens payèrent cher ce premier succès : en continuant leur poursuite, ils se trouvèrent à leur tour engagés sous le feu de la deuxième brigade et d'une partie de la division Foy, et ils furent presque entièrement détruits. Cependant nos troupes engagées dans un terrain difficile et défavorable, ne pouvaient avancer. Le feu des Anglais était terrible, et il fallait recourir à d'autres dispositions. Ce fut alors que le maréchal Ney, qui avait d'abord cru l'ennemi moins nombreux qu'il ne l'était réellement, passant peut-être avec la même précipitation à l'opinion contraire, songea vers quatre heures d'après midi, à se faire appuyer par le premier corps. Qu'on se souvienne que ce corps était à près de trois lieues en arrière du champ de bataille ; que jusques là le maréchal ne s'était point préparé pour une affaire sérieuse ; qu'il n'avait point dû par conséquent considérer ce corps comme sa réserve ; que d'ail-

leurs son éloignement ne lui aurait pas permis d'espérer qu'en quelque moment qu'il
l'appelât, ce corps arriverait assez tôt pour
coopérer à un mouvement décisif ; qu'ainsi
son absence ne devait influer en rien sur les
dispositions qui lui restaient à prendre pour
rétablir un combat où jusqu'ici, il faut l'a-
vouer, on ne reconnaît pas la prévoyance d'un
vieux général.

Entre cinq et six heures les dispositions
d'une nouvelle attaque furent achevées ; les
colonnes furent dirigées dans la vue de re-
jeter l'ennemi tout à fait à gauche sur Nivelle,
mouvement dont le succès aurait opéré la séparation complète des Anglais et des Prussiens. Cette attaque s'exécutait avec succès ;
l'ennemi flléchissait, mais pour gagner un
bois sur la gauche de la route qu'il avait
garni d'infanterie, et où il se forma en carrés pour nous recevoir. La cavalerie du comte
Kellermann y déploya une brillante valeur,
mais sans résultat digne de ses efforts. Ce
fut alors que le maréchal Ney fit avancer
le huitième et le onzième des cuirassiers,

Cette charge qui, si elle eût été faite à fond, devait être décisive, ne procura qu'à un cuirassier du huitième, l'occasion d'enlever le drapeau d'un régiment ennemi. D'ailleurs les deux régimens qui avaient passé sous le feu de l'infanterie cachée dans le bois, n'abordèrent point franchement les carrés, et en un clin-d'œil on les vit se retirer à bride abattue. Cette fuite, qui indigna tous les corps, fut attribuée à la mauvaise conduite d'un chef d'escadron qui manqua de tête, ou plus probablement de bonne volonté, et qui fuyant à toute bride et frappant ce qui se rencontrait sur son passage, portait au loin le signal du désordre, en criant partout *sauve qui peut!* Les cuirassiers en se repliant jusques sur les derrières, y jetèrent le trouble et la confusion. La valetaille se mit à piller les bagages. Des gens qui servaient à contre-cœur cherchèrent à augmenter le désordre, et y contribuèrent beaucoup plus que l'ennemi, à qui cet instant de fluctuation n'offrit point l'occasion de prendre un avantage sensible. Notre infanterie continua de se battre avec vigueur et en bon ordre. Les chasseurs à cheval de la garde, qui accoururent de Frasnes pour la soutenir, n'eurent pas besoin de donner, et sur notre gauche, l'artillerie continua d'incommoder excessivement les Anglais. Le feu ne cessa qu'à la nuit. Nos troupes reprirent leur position en avant de Frasnes, après un combat très-glorieux pour les deux partis, mais extrêmement meurtrier. Notre perte fut évaluée à plus de quatre mille hommes; celle des Anglais dépassait de beaucoup la nôtre. Les plateaux en avant du bois où ils nous arrêtèrent, le front de ce bois, et un chemin creux qui en borde la lisière, étaient cachés sous les rangs de leurs soldats étendus sur le champ de bataille. Trois régimens écossais et la légion de Brunswick y furent exterminés. D'autres corps y furent excessivement maltraités; enfin ce qui prouve encore mieux la grandeur de leur perte et la fureur des attaques, c'est le nombre d'officiers de marque qui furent frappés en combattant : on cite particulièrement le prince de Brunswick, qui y fut tué. De notre côté le prince Jérôme, qui se montra très-bien et toujours à la tête de sa division dans cette affaire, y fut atteint d'une balle à la main. Nous y fîmes des pertes plus sensibles, mais elles sont encore peu connues. Outre le drapeau dont il est parlé plus haut, les Français emmenèrent du champ de bataille, deux pièces d'artillerie, dont une était anglaise, l'autre était un de nos obusiers, qui nous avait été enlevé et qui fut repris.

Tandis que ce sanglant combat s'achevait aux Quatre-Bras sans résultat décisif, la bataille de Ligny se terminait par une victoire signalée. A sept heures du soir les Prussiens, malgré une résistance désespérée, avaient été chassés de tous les villages qui couvraient leur ligne ; mais le gros de leur armée conservait, sous le feu meurtrier de notre artillerie, les hauteurs qu'il occupait au-delà d'un ravin sur les plateaux adjacens au moulin de Bussy. Pour achever la défaite de l'ennemi, et sans doute aussi pour couper son aile droite, Bonaparte fit avancer toutes les reserves du quatrième corps, huit bataillons de la garde, les cuirassiers du général Delort, ceux du général Milhaud, et les grenadiers à cheval de la garde, qui débouchèrent par le village de Ligny. Cette redoutable colonne recommença contre les carrés prussiens un combat épouvantable ; enfin, la terrible baïonnette renversa les rangs ennemis, et les ouvrit aux vainqueurs. La droite, occupée par le troisième corps, s'aperçut à temps que le centre pliait, et suivit son mouvement, évitant ainsi le piége qui lui était tendu. A dix heures les Français étaient maîtres de tout le champ de bataille. L'ennemi le laissa couvert de morts. Nous lui prîmes huit mille hommes et 40 canons ; le général Blücher, dans son rapport, avoue la perte de quinze.

Selon les rapports anglais, le maréchal prussien ne perdit point cette bataille ; il resta dans ses positions, et ne se détermina à se retirer que pour se concentrer et se réunir au corps du général Bulow qui était resté en arrière. On peut, à cet égard, en croire son ennemi. La relation prussienne dit formellement que *la bataille fut perdue, mais non l'honneur;* que le soldat combattit avec une valeur au-dessus de toute attente, et que, même après le revers, il ne fut point abattu, parce que chacun conserva en soi-même le sentiment de son courage et de sa force.

Le feld-maréchal y courut le plus grand danger d'être pris ; une charge de cavalerie qu'il conduisait lui-même ayant été repoussée, son cheval blessé le jeta par terre. Les cuirassiers français, qui poursuivaient vivement les Prussiens, passèrent et repassèrent auprès de lui sans le remarquer.

Les Prussiens avaient en ligne de 80 à 90,000 hommes. Ils prétendirent qu'ils en avaient eu 130,000 à combattre. On a vu plus haut que l'armée française était assez loin de ce nombre, et qu'en ôtant le premier et le deuxième corps qui n'eurent point affaire à eux, ils ne durent pas être attaqués par plus de 70,000 hommes.

La journée du 16 avait eu des résultats importans, bien qu'au premier moment on s'en exagérât les avantages.

On crut d'abord les Prussiens rejetés sur Namur, ce qui aurait facilité la marche des Français vers Bruxelles ; mais on tarda peu à connaître qu'ils avaient suivi sur Wavres une direction parallèle à la retraite de l'armée anglaise, qui, pendant la nuit du 16 au 17, s'était reportée sur la route de Bruxelles vers Mont-Saint-Jean et Waterloo. Parmi les causes qui empêchèrent Napoléon de tirer de cette journée autant de fruit qu'il avait pu l'espérer, il faut compter la fermeté de l'ennemi, qui opéra sa retraite sans se laisser mettre en déroute ; l'extrême fatigue et l'infériorité numérique des troupes, qui furent toutes engagées et eurent à surmonter des obstacles sans cesse renaissans, ce qui ne permit pas d'appuyer la poursuite des Prussiens par des forces assez fraîches, et enfin l'issue équivoque du combat des Quatre-Bras.

Nous ne sommes point de ceux qui s'acharnent après le malheur ; mais l'amour et la recherche de la vérité, nous forcent à douter que le commandant de l'aile gauche ait mis dans cette affaire cette activité , ce dévouement , cette prévoyance qui l'ont si-gnalé dans d'autres occasions. Peu empressé, autant qu'on en peut juger , de servir Napo-léon , et ne s'étant déterminé à combattre que pour préserver la France d'une inva-sion ennemie , il ne paraît point avoir porté sur le champ de bataille cette ardeur, qui est souvent elle seule la première cause de la victoire. Il ne s'est point assez inquiété de connaître le terrain où il devait opérer , de se procurer des notions certaines sur la force de son ennemi. Il n'a point montré , en un mot , assez de circonspection dans sa marche, ni assez de tactique dans l'em-ploi des diverses armes qu'il avait à sa dis-position. Il avait cependant assez de forces pour battre l'avant-garde qui lui était oppo-sée. S'il en fut venu à bout , l'armée prus-sienne n'aurait probablement pas pu opérer sa retraite sur Wavres, et le grand plan de sa séparation d'avec les Anglais eut été plus complètement atteint.

Quoi qu'il en soit, dans la journée du 17 ,

Napoléon fut absolument le maître de donner du repos à l'armée, ou de lui faire continuer son mouvemeut offensif. C'est à ce dernier parti qu'il se détermina ; et tandis qu'on dirigeait sur Charleroi environ 6000 blessés, qui n'y trouvèrent point de moyens de secours (ce qui causa du murmure parmi la troupe,) il chargea le maréchal Grouchy de suivre les Prussiens avec le troisième et le quatrième corps, et la cavalerie du général Pajol ; lui-même, avec le premier, le sixième, sa garde et le reste de la cavalerie, se porta sur la route des Quatre-Bras. Pendant toute la journée du 17, les pontons ne cessèrent de filer en avant, ce qui persuadait au soldat que son général avait la certitude d'être bientôt en mesure de s'en servir.

Malgré la pluie et des chemins détestables, on atteignit l'arrière-garde de l'armée anglaise, et elle eut à essuyer plusieurs charges de cavalerie en avant de Waterloo. La difficulté des routes ne permit pas aux Français de faire assez de chemin pour engager, dès le 17, un combat sérieux. De part et d'autre on se tint tranquille pendant la nuit, qui fut horrible. On n'eut point de quoi faire une distribution de vivres à l'armée. Le soldat en prit donc où il en trouva ; mais à cet enlèvement près, que commandait le plus impérieux des besoins, il est faux qu'il ait exercé envers les habitans les brigandages dont il est accusé, non par eux, mais par des gens qui, tout en se disant Français, semblent avoir quelque intérêt à l'avilissement de leurs compatriotes et à la ruine de leur patrie.

Le 18 au matin, l'armée anglaise s'offrait dans des positions où l'on put la juger prête à recevoir la bataille. Pendant la nuit, lord Wellington avait eu des nouvelles du maréchal Blücher ; il savait que celui-ci était en mesure d'opérer une diversion en sa faveur contre la droite des Français, si le combat s'engageait, et cette certitude avait contribué à faire prendre au général anglais le parti d'en tenter le hasard. Il avait derrière lui la forêt de Soignes, dont les défilés, s'il eût été battu, pouvaient rendre sa retraite extrêmement périlleuse. Son front décrivait une ligne courbe ou anguleuse , de manière que son extrême droite était à Merke-Braine, son centre en avant appuyé à Hougoumont et à la Haie Sainte, et se repliant par la gauche sur Mont-Saint-Jean , et son extrême gauche portée jusqu'à Ohain , à la hauteur de Wavre , pour se mettre en communication avec les Prussiens. Les Anglais montraient au moins 80,000 hommes soutenus par une formidable artillerie. Après les pertes de la journée du 16 , et la distraction de 30,000 hommes , avec lesquels le maréchal Grouchy devait contenir les Prussiens , la grande armée qui allait attaquer les Anglais, ne montait pas à plus de 65 à 67,000 hommes ; mais ces troupes semblaient invincibles. Le mauvais temps n'avait ralenti en rien leur ardeur. Animées encore, et par les premiers succès et par la perspective de terminer la guerre par une victoire décisive , il semblait qu'on dût en attendre des miracles ; et en effet, les prodiges de leur valeur surpassèrent tout ce qu'elles avaient fait jusque

alors ; et si elles avaient toujours été con-
duites aussi bien qu'elles se sont battues , les
manœuvres des Prussiens , la supériorité du
nombre de tous leurs ennemis , n'auraient pas
suffi pour leur arracher la victoire.

Napoléon avait fait reconnaître les positions des Anglais par plusieurs généraux ,
entr'autres par le général Haxo , commandant le génie de la garde. La veille , jusqu'au
soir , les rapports du maréchal Grouchy
l'avaient confirmé dans l'opinion que la retraite des Prussiens s'effectuait vers Namur.,
et croyant n'avoir plus à s'inquiéter de ce
côté , il se sentait assez de forces pour attaquer et battre les Anglais.

Mais vers neuf heures du matin , il eut
connaissance qu'une colonne prussienne qu'on
prit d'abord pour un corps égaré et échappé
à notre poursuite , se mouvait comme pour se
porter sur ses derrières. Presqu'au même
instant , de nouveaux rapports lui apprirent
que l'ennemi avait changé son premier mouvement , et s'était retiré sur Wavre , et la
disposition de la gauche des Anglais , qui

par une ligne oblique à leur centre, se re-
pliait vers ce même point, ne lui permit plus
de douter que les deux armées ennemies
n'eussent manœuvré pour rétablir entre elles
les communications qu'il avait voulu leur
couper. Les tacticiens diront plus tard, si
dans cette position il n'y avait pas un meilleur
parti à prendre que celui de persister dans
ses plans d'attaque : ce qui reste certain ici,
c'est qu'il connut le danger, qu'il chercha à
l'écarter, et que ce ne fut point, comme on
l'a dit, en aveugle et sans avoir rien prévu,
rien calculé, qu'il se jeta sur les Anglais.
En effet, mieux instruit des manœuvres des
Prussiens, il dépêcha au maréchal Grouchy
l'ordre de les suivre le plus vivement qu'il
pourrait, et de déboucher sur Wavre. Ce
mouvement, s'il eût été exécuté, aurait couvert entièrement sa droite et prévenu l'attaque que vers la fin de la journée il eut
à soutenir de ce côté et qui décida de son
sort. Pour donner le temps au maréchal de
prendre l'importante position qui lui était
assignée, Napoléon tint lui-même sans agir

l'armée en bataille. On ne sait pas encore bien précisément ce qui retarda le maréchal : on a dit, mais ce bruit paraît sans fondement, qu'on lui cacha les ordres de l'empereur ; que l'ennemi enleva ces ordres ; que le passage d'une petite rivière grossie par les pluies lui présenta quelques difficultés. Quoi qu'il en soit, il perdit trois heures à faire ses dispositions pour attaquer les défilés de Wavre, et son adversaire saisit avec rapidité l'occasion de lui dérober la marche de trois de ses corps qui purent ainsi se porter au secours des Anglais.

A une heure Napoléon dut penser que le maréchal Grouchy s'était mis en mesure de contenir les Prussiens, et il donna de son côté le signal de l'attaque. Il était placé sur un plateau à la droite de la route de Bruxelles, en avant de la ferme de Caillou, près Planchenois, où il avait couché, et à peu de distance d'Hougoumont, qui formait comme la tête de la position des Anglais. Le deuxième corps était rangé sur ce point ; le premier à droite, et en retour, était vis-à-vis Mont-Saint-

Jean ; le sixième était à l'extrême droite ; la garde en réserve, et les plus fortes masses de la cavalerie sur les ailes.

La division du prince Jérôme engagea l'action par l'attaque des bois qui couvraient la position d'Hougoumont ; les accidens du terrain, favorables aux Anglais, rendirent cette attaque extrêmement difficile. De part et d'autre, l'artillerie jouait d'une manière terrible ; au bout d'une heure de combat les Anglais cédèrent du terrain et se replièrent derrière un rideau. L'artillerie française et les colonnes du deuxième corps s'étendirent sur toute leur ligne, et continuèrent de la presser. L'opiniâtreté de la défense qu'ils opposèrent à nos efforts contre Hougoumont nous força d'y mettre le feu : ce ne fut que par cette attaque désespérée qu'ils en furent complètement chassés, et l'occupation de ce point, qui couvrait la droite du centre des Anglais, sembla devoir faciliter le succès de l'attaque sérieuse qui se préparait contre leur centre même, à Mont-Saint-Jean.

Le comte d'Erlon à la tête du premier corps,

qui n'avait point encore combattu et n'en était que plus animé, foudroyait cette position avec 8o pièces de canon. Il s'établit là un feu épouvantable : le notre, rasant des plateaux couverts de troupes, fut extrêmement meurtrier.

Une première brigade avait pénétré dans le village, une seconde, qui s'avançait pour la soutenir, fut repoussée avec perte par un corps de cavalerie anglaise.

Ce fut en cet instant que de part et d'autre la cavalerie essaya de charger sur l'artillerie opposée. L'ennemi, à la droite de la batterie du comte d'Erlon, mit quelques pièces hors de service ; à son tour il fut repoussé par les cuirassiers du général Milhaud, qui écharpèrent trois de ses régimens. De tous côtés la mêlée se prolongeait et était affreuse. Nous faisions des pertes sensibles, celles de l'ennemi ne l'étaient pas moins : une attaque de lanciers et de chasseurs à cheval, anéantit deux régimens de dragons anglais.

Il était trois heures d'après midi, nous avions gagné du terrain, mais cet avantage ne présentait encore rien de décisif. Napoléon quitta l'éminence, d'où jusqu'alors il avait observé les mouvemens du combat, et fit marcher sa garde pour remplacer les corps qui s'étaient portés en avant.

Tous les corps, vivement engagés, commençaient à murmurer de l'inactivité de cette garde. Si dans ce moment Napoléon eût pu l'employer en la faisant appuyer par le sixième corps, qui avait encore peu agi, il eût probablement achevé de rompre le centre des Anglais, et la victoire était gagnée ; mais les Prussiens, qui s'étaient montrés dès le matin, donnaient d'instant en instant plus d'inquiétude. Le comte de Lobau, avec le sixième corps et la jeune garde, fut chargé de repousser l'attaque qui s'annonçait de ce côté. Cette disposition diminua de vingt mille hommes les forces employées contre les Anglais. Dans cet état de choses, Napoléon, selon toutes les apparences, ne pensait plus qu'à occuper ces derniers jusqu'à ce qu'il connût mieux les résultats des mouvemens des Prussiens et du maréchal Grouchy, de qui il devait attendre une diversion efficace ; mais deux régimens de cavalerie se trouvant pressés par l'ennemi, celle de notre première ligne se porta d'elle-même à leur secours. Les autres corps de cette arme qui avaient ordre de soutenir la première ligne, s'ébranlèrent aussitôt, sans que ce mouvement eût été commandé, et sans qu'il fût possible de l'arrêter. Alors, les nôtres eurent à soutenir des charges si vives et un feu de mitraille si meurtrier, qu'ils y firent des pertes énormes, et que ne compensèrent point l'avantage brillant, mais sans résultat, d'avoir enfoncé plusieurs carrés et enlevé six drapeaux.

Cependant, le général Bulow, à la tête du quatrième corps prussien, qui n'avait point combattu à Ligny, avait été chargé de conduire sur nos derrières la diversion promise à lord Wellington, et sans laquelle celui-ci n'aurait point accepté la bataille. Ce corps passa dans la journée, au dessous de Wavre, avec autant de rapidité que de bonheur, un petit défilé près de Lasne, se couvrit du bois que

Buonaparte avait négligé de faire fouiller et de garnir au moins de quelques coureurs en observation, et déboucha en bon ordre, vers trois heures, du côté de Frichemont, débordant notre droite, et menaçant nos derrières du côté de la Belle-Alliance et de Planchenoit. Ce corps était appuyé par le premier, qui, par la droite et à la hauteur de Wavre, se portait sur Ohain, avec le maréchal Blücher à sa tête, pour communiquer avec l'extrème gauche de l'armée anglaise ; enfin il avait en réserve une partie du deuxième, qui le suivait, et dont une autre partie continuait de se prolonger sur nos derrières. Par tous ces mouvemens, qu'avait dirigés le général Gneisenau, le maréchal Grouchy, qui avait dû tenir les Prussiens séparés des Anglais, se trouvait au contraire absolument coupé lui-même et sans communication avec l'armée française. L'attaque qu'il commençait alors à Wavre contre le troisième corps aux ordres du général Thielman, chargé de l'amuser en lui cédant du terrain, ne dérangeait rien aux dispositions combinées

4*

de l'ennemi, et ne pouvait plus diminuer le danger dont nous menaçaient les mouvemens prononcés de presque toute l'armée prussienne. Entre quatre et cinq, les premières brigades du général Bulow commencèrent à s'engager contre la sixième division et la jeune garde. L'ennemi fut reçu et repoussé avec intrépidité : il perdait du monde; mais sa supériorité numérique lui permettait de ramener des troupes fraîches à la charge, et Napoléon, qui n'avait plus que 45,000 hommes à opposer aux Anglais, se vit encore obligé de faire marcher l'artillerie de réserve contre les Prussiens : ces attaques leur mirent environ 6,000 hommes hors de combat.

De son côté, le maréchal Grouchy se trouvait à deux lieues sur le flanc de la position de Waterloo, et si les Prussiens attaquaient nos derrières, il semblait aussi en mesure de se rabattre sur eux. Le bruit se répandit dans l'armée qu'il était prêt à prendre part à l'action et à coopérer aux coups décisifs qui allaient se porter. Mais le succès du maréchal, quoique réel, avait été beaucoup trop différé ; des engagemens aussi longs que meurtriers avaient épuisé les troupes ; néanmoins Napoléon, qui comptait sur sa garde et qui n'avait point renoncé à son système de jouer toute sa fortune sur un champ de bataille, crut le moment venu de tenter un dernier et puissant effort.

Une nouvelle colonne d'attaque, formée presque entièrement de la garde, est dirigée sur Mont-Saint-Jean. Des officiers parcourent la ligne et raniment les soldats en leur portant l'espérance de la victoire et l'ordre d'en presser le moment : ce moment sembla en effet se présenter encore une fois, mais la fortune ne nous sourit un instant que pour rendre notre ruine plus complète. La moyenne garde marchait en avant sous la conduite du maréchal Ney ; Napoléon en personne la soutenait avec la vieille garde. L'attaque devait se faire en deux colonnes. Une première faute, ou si l'on veut un premier malheur, particulièrement attaché à l'armée française, fut de mettre la troupe en mouvement au bruit du tambour, ce qui avertit les Anglais de se mieux préparer à la recevoir ; un second accident, résultant des difficultés du terrain, fut d'obliger les deux colonnes à se rapprocher de manière à les confondre en une seule masse ; enfin, pour dernier coup du sort contraire, s'il ne faut pas toutefois en accuser un manque de présence d'esprit de la part des généraux, cette masse est arrêtée à un quart de portée de fusil de l'ennemi. Au lieu de l'enlever au pas de charge, de la lancer à la baïonnette, sur la masse opposée, on lui en laisse essuyer le feu. L'effet en fut épouvantable ; le maréchal Ney fut, un des premiers, culbuté de son cheval ; plusieurs autres généraux sont atteints. Le général Michel, commandant des chasseurs, succombe, et un grand nombre de blessés se répandent dans la plaine, où ils commencent à porter le trouble et l'inquiétude.

Cependant la garde soutenait son honneur, et bravant les furieuses décharges de l'ennemi, cherchait à se déployer pour l'aborder à la baïonnette. Tous ses efforts sont inutiles ; elle se sent écrasée comme par la foudre. Elle hésite, elle flotte, elle recule, elle est rompue : c'est le signal, pour la victoire, d'abandonner nos drapeaux. Les autres corps, épuisés par les efforts de la journée, affaiblis par leurs succès mêmes, partout chèrement achetés, n'espèrent plus triompher d'un obstacle devant lequel la garde a plié. Trahi par la fortune, Napoléon fait en ce pressant danger tout ce que permettent les circonstances. La vieille garde en carré s'efforce de suspendre le mouvement rétrograde qui se prononce de tous côtés; des généraux courent aux divisions ébranlées, pour arrêter le désordre; ils ne sont plus entendus. Les deux escadrons de service essayent de se porter en avant, la foule les entraîne en arrière; et la vieille garde enfin, après avoir encore un instant suspendu la marche de l'ennemi, se voit emportée par le mouvement général. Bientôt l'armée ne fut plus qu'une masse confuse. Les Anglais, peut-être étonnés eux-mêmes de se retrouver dans l'attitude de la victoire sur un champ de bataille qu'ils avaient commencé d'abandonner, savent du moins profiter du moment; leur cavalerie presse nos derniers rangs, hâte leur fuite et augmente le désordre. La nuit vient ajouter à cette épouvantable confusion, l'obscurité qui, par elle-même, *laisse peu de place au courage* (1), laisse encore bien moins d'empire à la raison et à la réflexion. Il est impossible de faire parvenir des ordres; il eût été peut-être plus impossible encore de les exécuter. La bataille est irrévocablement perdue ; l'artillerie, les équipages, tout est abandonné à l'ennemi. Le trône impérial s'écroule avec l'armée qui en était le principal appui, et d'une puissance qui, une heure encore avant, balançait les destinées de l'Europe, il ne reste plus qu'un désastreux naufrage et de sanglans débris.

Telles furent les principales circonstances, telle fut l'issue de la bataille de Mont-Saint-Jean, qui rappellerait les désastres de Poitiers, de Crécy, d'Azincourt, de Pavie, si en portant un coup aussi funeste à nos forces elle n'avait pas produit une compensation à nos revers, dans le retour d'un Roi de qui la nation attend la fin ses malheurs.

L'histoire ne disputera point de tristes lau-

---

(1) . . . . Pompée a saisi l'avantage
D'une nuit qui laissait peu de place au courage.
RAC. Mithrid etc.

riers aux victimes de l'ambition de ce fou gigantesque, qu'elle placera à côté des Genghis et des Tamerlan. Elle dira que si la valeur seule remportait des victoires, l'armée française eût été invincible ; elle inscrira sur le champ où reposent ces grenadiers, tombant, sans être vaincus, sous le fer et le feu : *La Garde meurt et ne se rend pas* (1).

En attendant qu'elle se soit emparée de cette grande époque, s'il nous est permis de chercher de bonne foi et avec impartialité à lui offrir des matériaux , nous n'hésiterons pas à avouer que les fautes qu'on pourra reprocher à Buonaparte, au dénoûment de cette sanglante tragédie, ne sont pas celles qui ont le plus directement contribué à sa perte, et quelqu'odieux qu'il doive être aux Français, il a été cependant en cette dernière affaire jugé par des passions trop violentes , pour qu'on ne les accuse pas de quelque aveuglement. Lord Wellington convient lui - même

____

(1) Cette belle réponse est généralement attribuée au général Cambronne, qui fut pris et blessé. Pour être vrai en tout, il faut remarquer que quelques personnes la révoquent en doute.

que son ennemi ne déploya jamais plus d'activité et plus d'audace ; et bien que les relations livrées au public donnent à entendre que
la victoire du côté des Anglais n'a jamais été
douteuse, on opposera à ces flatteries offi-
cielles que les vainqueurs ont pris l'habitude
de se prodiguer, cet autre aveu du noble
lord, qui, disait-il, ne fut jamais si près d'être
battu; on remarquera encore la franchise d'un
rapport prussien, où on lit que jusqu'à plus
de sept heures l'issue de la bataille fut extrêmement douteuse.

Les dispositions de Buonaparte à la bataille
de Mont-Saint-Jean paraissent avoir eu l'ap-
probation d'un grand nombre de militaires
français et étrangers. Le maréchal Ney, au
fort de la bataille, déclarait que l'affaire
allait être des plus glorieuses ; le maréchal
Blücher sentit si vivement de quelle importance devait être la marche du maréchal
Grouchy sur Wavre, qu'il mit presque toute
son armée en mouvement pour le prévenir.

Mais Buonaparte, qui avait ordonné les manœuvres du maréchal, doit avoir ici à se reprocher de ne s'être pas assuré avec assez de

soin que ses ordres étaient ponctuellement exé-
cutés, et de n'avoir pas conservé avec ce corps
assez de communications.

Une plus grande faute fut de ne s'être pas
plus montré aux troupes, de n'avoir pas
présidé lui-même à l'exécution de diverses
dispositions importantes pendant l'action,
d'avoir voulu, à la fin, combattre à pied à
la tête de la vieille garde, où il ne pouvait
que trouver la mort, qu'il cherchait sans
doute, mais qui ne remédiait à rien. S'il fût
monté à cheval, qu'il eût vu plus de choses
par ses yeux, qu'il eût animé les corps en se
montrant à eux, en dirigeant leurs mouvemens, peut-être eût-il réparé bien des fausses
mesures. Enfin ce que des personnes qui ont
le droit d'avoir une opinion sur ces matières,
blâment le plus dans la conduite de cette
affaire, c'est d'avoir risqué la dernière attaque à l'entrée de la nuit, au moment où tous
les avantages étaient de son côté, où la retraite était commencée sur les derrières des
Anglais. S'il eût dirigé alors toute son atten-
tion sur les Prussiens, qui l'avaient tourné,
et qu'il fût parvenu à se remettre en commu-

nication avec le maréchal Grouchy, vainqueur
à Wavre, il achevait la séparation des Anglais et des Prussiens ; et encore faut-il observer, pour être exact, qu'on devait compter sur le succès de cette dernière attaque,
qui compromettait singulièrement l'armée anglaise, et que si elle est devenue la cause
de la défaite, il faut s'en prendre principa-
lement au peu d'ensemble et de précision
avec lequel elle a été conduite et effectuée.

En résumé, il ne paraît pas que la bataille
de Mont-Saint-Jean ou de Waterloo doive
rien ajouter à la réputation militaire de lord
Wellington, ni nuire à celle de Buonaparte :
il s'y est montré tel que tous les militaires,
même ceux qui ont abandonné sa cause, l'ont
toujours vu, terrible dans l'attaque, mais
aventureux, fataliste même, risquant tout,
et ne se réservant jamais assez de moyens
de réparer un échec.

D'ailleurs, des circonstances indépen-
dantes de l'habileté des deux rivaux, ont décidé l'affaire, ou si quelqu'un peut à plus
de titres revendiquer la gloire d'en avoir déterminé le succès, ce doit être celui des gé-

néraux prussiens qui fit en cette occasion ce que les Anglais n'avaient su faire à Ligny, et qui en portant la plus grande partie de l'armée prussienne sur nos derrières, sans parvenir précisément à nous vaincre, nous priva absolument des moyens d'achever notre victoire.

Les pertes de part et d'autre furent énormes. Les Anglais avouent celle de 13,000 hommes ; on a dit qu'elle s'éleva à 20,000. Ils comptent près de 108 officiers de marque tués, et près de 500 de blessés ; tous les aides-de-camp du général en chef, excepté le major Percy, figurent dans ces deux listes, qui, comme toutes celles de ce genre, sont loin d'être exactes. La mort du général Picton ôta un excellent officier à l'armée anglaise. Sir William Ponsomby fut aussi tué dans cette affaire, et le comte Uxbridge, et le général Cook, commandant des gardes, grièvement blessés. Le prince d'Orange fut atteint d'un coup de feu à l'épaule.

Le général Pozzo-di-Borgo, le baron Vincent, les généraux Van-Reed, Muffling et Alava étaient présens à la bataille. Les deux premiers y furent même légèrement blessés.

Nos pertes n'ont jamais été connues avec précision. Le bulletin anglais dit qu'en prisonniers seuls , elles s'élèvent à 7,000 hommes parmi lesquels se trouvèrent le général Cambronne et le comte de Lobau.

On peut les évaluer approximativement, en observant que des 110,00 hommes avec lesquels Napoléon entra en Belgique , on en ramena de 70 à 80,000 sous Paris ; qu'ainsi tant en tués qu'en prisonniers et hommes dispersés à leur rentrée en France , cette campagne de trois jours aurait affaibli nos forces de 30 à 40,000 hommes. Les Prussiens avouent une perte presque égale. Ainsi, en y ajoutant celles de l'armée anglaise , tant aux Quatre-Bras qu'à Mont-Saint-Jean , on peut dire que la chute de Bonaparte a coûté à l'ennemi deux fois plus qu'à nous.

Nous avons vu plus haut celui dont l'ambition insatiable , s'était déjà immolé tant de victimes , en un instant réduit presque à lui-même , resté presque seul sur ce champ de bataille qui lui montrait sa gloire sanglante , sa puissance meurtrière , sa fu-

neste fortune , ensevelies sous des mon-
ceaux de morts et de mourans. Et la victoire , et l'armée , et les moyens de la rallier, jusqu'à la mort , qui eût été un bien-
fait pour lui , et qu'il demanda en vain ;
tout lui échappe. Un sort ennemi le con-
serve pour de nouveaux outrages ; et cette
nuit fatale encore à tant de braves, tombés
sous les coups de la cavalerie prussienne ,
qui , par ordre de son chef , nous poursuivait avec acharnement et sans relâche ,
déroba Buonaparte aux dangers personnels
dont il était entouré. Il suivit quelque temps
la foule qui l'entraînait vers Genappe. Il y
fut reconnu par les soldats ; et le bruit de
sa mort, qui s'était répandu dans l'armée ,
commença à se dissiper. Cette nouvelle fit
éclater des sentimens divers. *Encore s'il
eût été tué,* s'écrièrent les uns ; *l'Empereur n'est pas mort,* se disaient d'autres,
qui ne s'étaient point encore faits à l'idée
d'une défaite irrémédiable. Tel est en effet
le soldat français : il fuit souvent, sans que
rien puisse l'arrêter , le péril qu'il croit iné-
vitable ; mais sa confiance renaît aussi vite

qu'elle s'altère, et le chef à qui il l'a donnée, et qui peut se faire écouter, le ramène aisément contre l'ennemi.

Aucune circonstance de ce genre ne s'offrit ici pour arrêter la déroute de l'armée. Poursuivie jusqu'à la Sambre, sans avoir pu prendre position en aucun endroit, elle passa cette rivière, partie à Charleroi, partie à Marchienne, et ce fut seulement alors que les corps commencèrentà former des bivouacs. Soit qu'on voulût laisser passer les équipages, soit que dans le désordre général personne ne songeât encore à prendre des mesures d'ensemble, soit pour toute autre cause, on ne s'occupa point de couper les ponts, et bientôt la cavalerie ennemie parut sur la rive droite de la Sambre. Les conducteurs des équipages et de l'artillerie abandonnée, fuyaient devant elle; ils apportèrent dans les bivouacs la confusion et la terreur à laquelle ils étaient livrés, et l'armée, arrivée au partage des deux routes d'Avesnes et de Philippeville, se sépara presque spontanément en deux corps, qui suivirent chacun une de ces directions.

Buonaparte était arrivé à Charleroi peu de temps avant l'ennemi. Il s'arrêta un instant à une demi-lieue de cette ville, et prit un peu de pain et de vin. Ce fut dans cette courte halte, qu'on assure qu'après avoir délibéré avec quelques officiers sur le parti qu'il avait à prendre, il se fixa à l'étrange résolution de se rendre à Paris. Ce parti eut des contradicteurs, et M. Labédoyère, à qui quelques officiers attribuent de l'avoir conseillé, a toujours dit au contraire qu'il l'avait vivement combattu. Quoi qu'il en soit, Buonaparte, qui paraît s'y être déterminé d'après les justes craintes qu'il avait d'une explosion dans la capitale, dont la situation lui était connue, poursuivit, à cheval, sa route jusqu'à Philippeville. Il y arriva dans un état de fatigue et d'abattement qui en faisaient presque un objet de pitié. (1) Ce fut de là

––––––––––––––––––––––––––

(1) Comme si le déluge des maux réels que la coupable ambition de Buonaparte a précipités sur la France, ne suffisait pas pour exciter l'indignation de tout Français, on a mêlé aux circonstances vraies de sa fuite, des contes impertinens, tel que ce-

qu'il expédia des instructions au major-général pour qu'il ralliât l'armée à Avesnes. Déjà
le prince Jérôme avait, à Beaumont, réta-
bli l'ordre dans les corps qui se trouvaient
avec lui. Le comte Morand et le général
Colbert avaient aussi rassemblé l'infanterie
et la cavalerie de la garde. Toutes ces troupes filèrent vers Avesnes, où des emplace-
mens pour la réunion générale de l'armée
étaient désignés. Mais l'ennemi, qui, cette
fois, instruit à notre école, voulait ne nous
donner ni trève ni relâche, s'était présenté devant Avesnes, avant que notre réorganisa-
tion fût achevée, et le major-général dut se
décider à rétrograder jusqu'à Laon. C'est là
que ce qui restait de corps à rallier fut réuni;

---

lui de *la ruse* par laquelle il se débarrassa d'un
corps français qui voulait entrer dans Philippeville,
en faisant crier : *sauvez-vous, voilà les Cosaques !*
Mais pour qu'un corps français se sauvât devant
des Cosaques, il faudrait d'abord qu'il y en eût,
et jusqu'ici personne n'en a découvert dans l'armée prussienne; et puis les Cosaques n'ont jamais
fait fuir que les valets et goujats de l'armée, pour
qui cette histoire est à peine bonne, si même elle
ne vient pas d'eux.

et dès le lendemain de son arrivée à Laon, l'armée se trouva en état d'opposer une résistence efficace à l'ennemi. Après trois jours de repos, elle continua sa retraite sur Paris, où Buonaparte l'avait précédée. Cette retraite fut conduite avec une habileté qui empêcha l'ennemi de tirer aucun avantage de cette supériorité momentanée qu'il avait due bien plus à nos fautes qu'à ses propres dispositions. En vain il voulut avoir recours à l'audace, précipiter sa marche, passer sur le corps à ce qu'il ne regardait plus que comme des débris, afin de gagner du terrain et de couper le maréchal Grouchy, qui se rapprochait de son côté en combattant avec gloire; ces débris étaient encore pour lui de fer ou de rocher; ils soutinrent sans s'ébranler ses attaques réitérées, et l'empêchèrent de rien effectuer de décisif. Bientôt l'arrivée du maréchal Grouchy opéra la réunion de forces assez imposantes encore pour faire croire que le sort de la France n'avait pas été irrévocablement décidé, et que Paris pouvait devenir plus funeste aux vainqueurs de la *Belle*

Alliance (1) que ne l'avaient été pour les vaincus les champs de Waterloo. Mais il n'y avait plus de chef pour conduire et recommencer la guerre, et dans ce *Gouvernement provisoire*, qui fit la transition de la chute de Buonaparte, à la restauration du trône, les uns ne surent pas, les autres ne voulaient pas profiter de la position critique où une marche hasardeuse et précipitée au cœur de la France, avait mis l'élite des armées anglaise et prussienne. Au reste si jamais il a fallu appeler l'intervention d'une puissance surnaturelle pour expliquer des événemens contraires aux probabilités humaines, ce serait sans doute en ce moment, où il semblait que la même main invisible, la même force irrésistible qui avait apporté une seconde fois Buonaparte au milieu de nous comme

---

(1) La *Belle-Alliance* est une ferme où se rencontrèrent, après la bataille, lord Wellington et le maréchal Blücher. Le nom de cette ferme présentait un rapport si heureux avec les circonstances qui les réunissaient, que le général prussien voulut que ce nom servît à désigner cette bataille.

pour donner une dernière et effrayante leçon aux rois et aux peuples, pesât sur ce fragile instrument pour le mettre en pièces et en disperser les débris.

Au lieu des secours et de l'obéissance, du dévouement qu'il avait cru sans doute trouver à Paris, ce despote superbe, si nourri de soumissions et de serviles complaisances, ne rencontrait de tous côtés que lassitude, dédain, mutinerie et résistance.

Il se laissait arracher du trône, plutôt qu'il n'en descendait; et sa chute, aussi misérable que sa grandeur avait été fastueuse, achevant de détruire les derniers prestiges dont il avait été entouré, livrait le dominateur de l'Europe aux humiliations réservées à la faiblesse, à l'irrésolution (1). Sa ruine nous apprenait encore une fois à ne pas con-

____

(1) Les circonstances qui ont décidé et accompagné à Paris l'abdication de Buonaparte, ne me sont pas assez connues pour que j'aie voulu essayer de les retracer ici. Il m'est tombé sous la main un petit écrit intitulé : *Nuits de l'abdication*, rempli à cet égard d'anecdotes curieuses, et qui la plupart ont

fondre l'entêtement avec le caractère, la vio-
lence avec la fermeté , et nous montrait que
la fièvre de l'ambition et les faveurs de la fortune ne suffisent pas pour faire un grand
homme de celui qui ne sait ni triompher de
l'adversité par son génie , ni la subir avec
courage et dignité.

Je termine ici cette exquisse rapide de la
campagne de trois jours.

Je ne me suis proposé que de donner des
notions exactes sur les principales circonstances d'une entreprise dont , avec tout bon
Français , je condamne les causes, et je dé-
plore les résultats.

J'ai cru en même temps que l'armée, et par
son héroïque constance devant la mort, et par

---

un grand caractère de vérité. Il paraît que Lucien
Buonaparte , non moins despote que son frère , mais
plus adroit, plus dangereux par-là même , et surtout
plus ferme que lui dans les crises politiques et révolu-
tionnaires, se souvenant qu'il l'avait déjà sauvé au 18
brumaire , s'efforça de l'engager à tenter un coup
pareil. On ajoute que, fatigué de ses hésitations , de
ses craintes, il s'écria en sortant d'une longue con-
versation avec lui : *C'est un homme perdu ! la fumée
de Mont-Saint-Jean lui a porté à la tête.*

la soumission, l'obéissance qui vient de là rapprocher du trône dont elle sera l'appui, avait assez expié un coupable égarement : j'ai pensé que ces phalanges intrépides, écrasées à Mont-Saint-Jean, plutôt que vaincues, avaient été assez punies de leurs funestes erreurs, pour qu'on pût au moins pardonner à leur gloire, et rendre justice à leur courage (1).

Si cette gloire aujourd'hui coûte bien cher à la France, si ce courage n'a pu nous préserver d'illustres, mais déplorables revers,

____

(1) En se représentant ce champ de bataille couvert de cette épouvantable moisson de tant de braves sacrifiés aux intérêts d'un étranger, et perdus pour la France qu'ils avaient jusques-là constamment honorée, et qu'ils pouvaient encore glorieusement servir, on oublie la cause où ils ont succombé, pour se livrer à de douloureux regrets. On se rappelle ces fiers Romains que les fureurs de Catilina conduisirent aussi à la mort. « *Confecto prœlio*, dit Salluste, *tum vero cerneres quanta audacia quantaque animi vis fuisset in exercitu, nam ferè, quam quisque vivus pugnando locum ceperat, eum amissâ animâ, corpore tegebat.* »

songeons du moins que le mal a apporté avec lui son remède, que ces revers nous ont rendu un roi qui pardonne et oublie.

Quel Français se croirait dispensé de suivre de si nobles exemples? Ah! rallions-nous, serrons-nous, il en est temps enfin, autour du trône légitime et constitutionnel. Secondons du concours de toutes nos volontés le prince dont les vertus, la sagesse, et la paix qui va en être le fruit, guériront bientôt nos profondes blessures, si nous voulons nousmêmes renoncer à les déchirer, et que nous ne forcions pas l'Europe à dire que la France n'a pas d'ennemis plus redoutables que les Français.

FIN.